BEI GRIN MACHT SICH IHR WISSEN BEZAHLT

- Wir veröffentlichen Ihre Hausarbeit, Bachelor- und Masterarbeit

- Ihr eigenes eBook und Buch - weltweit in allen wichtigen Shops

- Verdienen Sie an jedem Verkauf

Jetzt bei www.GRIN.com hochladen und kostenlos publizieren

Martin Löper

Geschichte der Dampfmaschine

GRIN Verlag

Bibliografische Information der Deutschen Nationalbibliothek:

Die Deutsche Bibliothek verzeichnet diese Publikation in der Deutschen National-bibliografie; detaillierte bibliografische Daten sind im Internet über http://dnb.d-nb.de/ abrufbar.

Impressum:

Copyright © 2013 GRIN Verlag GmbH
Druck und Bindung: Books on Demand GmbH, Norderstedt Germany
ISBN: 978-3-656-69791-6

Dieses Buch bei GRIN:

http://www.grin.com/de/e-book/276139/geschichte-der-dampfmaschine

GRIN - Your knowledge has value

Der GRIN Verlag publiziert seit 1998 wissenschaftliche Arbeiten von Studenten, Hochschullehrern und anderen Akademikern als eBook und gedrucktes Buch. Die Verlagswebsite www.grin.com ist die ideale Plattform zur Veröffentlichung von Hausarbeiten, Abschlussarbeiten, wissenschaftlichen Aufsätzen, Dissertationen und Fachbüchern.

Geschichte der Dampfmaschine

Seminarkurs Romantik 2012/2013

Jahrgangsstufe 1

Martin Löper

INHALTSVERZEICHNIS

VORWORT

Wenn man die Dampfmaschine im historischen Kontext betrachtet, wird unverkennbar die Tragweite dieser revolutionären Erfindung deutlich. Viele Menschen betrachteten dieses Monstrum zu jener Zeit dennoch ungläubig und voller Misstrauen.

Bei genauerer Betrachtung sah ich mich konfrontiert mit einer Fülle an Informationen über Menschen, welche die Welt veränderten, weil sie durch ihren Einfallsreichtum einen wichtigen Beitrag zum industriellen Fortschritt leisteten. Im Folgenden möchte ich die wichtigsten Aspekte der Geschichte der Dampfmaschine beleuchten, um zu verdeutlichen, warum diese Entwicklung für die Industrialisierung wegweisend war und in wie fern die Welt heute deshalb ist, wie sie ist.

Dabei möchte ich Ihnen eine Aussage des Industriehistorikers Artur Fürst ans Herz legen, die auch mir bei dem Schreiben dieser Seminararbeit zu denken gegeben hat und die Leute damals sicherlich ebenfalls faszinierte:

"FEUER UND WASSER SIND GEGENSÄTZE, DIE EINANDER AUSSCHLIEßEN WIE GUT UND BÖSE ODER HELL UND DUNKEL. DAS WASSER VERNICHTET DAS FEUER. [...] WER HÄTTE AHNEN KÖNNEN, DASS GERADE FEUER UND WASSER, IN EINEM GEMEINSAMEN BEHÄLTNIS ZUSAMMENGESPERRT, NUR DURCH EINE DÜNNE WAND VONEINANDER GETRENNT, DER MENSCHHEIT DIE MÄCHTIGSTEN HELFER SEIN WÜRDEN".[1]

In diesem Sinne wünsche ich mir, Ihnen nun einen umfassenden Einblick in die Geschichte der Dampfmaschine darzubieten, die zwar nicht direkt in der Romantik begann, aber ebendort zu ihrem Höhepunkt gelangte.

Martin Löper

Hochdorf, 29.Mai 2013

---

[1] Mattner, Dörich, Schaffer-Hartmann: Dampfmaschinen, Motor der Industriellen Revolution. Beton-Verlag, Düsseldorf 1994, zitiert nach: Brinkmann, 2001

EINLEITUNG

Die Geschichte der Dampfmaschine beinhaltet ein breites Themenfeld. Sie deckt zwischen dem siebzehnten und neunzehnten Jahrhundert sowohl den naturwissenschaftlichen, als auch den gesellschaftswissenschaftlichen Bereich ab und muss zusätzlich im historischen Kontext gesehen werden. Aus diesem Grund ist diese Seminararbeit nacheinander in die besagten Themenbereiche gegliedert: Kapitel 1 beschreibt die physikalischen Grundkenntnisse, die für den Leser unerlässlich sind, um die Funktionsweise der Dampfmaschine zu verstehen. Es wird dabei aufgezeigt, wie bereits Menschen vor der neuzeitlichen Dampfmaschinenentwicklung versucht haben, diese physikalischen Grundsätze anzuwenden. In Kapitel 2 wird die naturwissenschaftliche Perspektive fortgeführt und die Entwicklung bis in die Moderne beschrieben. In den nachfolgenden Kapiteln 3 bis 5 werden anschließend die Anwendungen beschrieben, welche die Dampfmaschine in der Industrie und im Alltag der Bevölkerung gefunden hat. Das letzte Kapitel geht dabei besonders auf die gesellschaftliche Entwicklung angesichts der Industrialisierung und die Meinung der Menschen zu den Maschinen ein.

Da die Geschichte der Dampfmaschine ein Thema ist, das zeitlich aufeinander aufbaut, sind die Unterkapitel jeweils in sich chronologisch aufgebaut. Zwischen den einzelnen Kapiteln kommt es jedoch zu zeitlichen Sprüngen, weil die zu behandelnden Auswirkungen der Dampfmaschinenentwicklung aus verschiedenen Standpunkten betrachtet werden. Dies ist notwendig, da beispielsweise die Entwicklung der dampfgetriebenen Transportmittel parallel ablief.

Die folgenden Ausführungen sollen deutlich machen, wie die Dampfmaschine sich vom Mutterland der Industrialisierung bis nach Deutschland ausbreitete und welche Auswirkungen auf die Bevölkerung daraus entstanden. Aus einer Fülle verschiedener Anwendungsgebiete werden im Folgenden jene angesprochen, die für die Bevölkerung am relevantesten waren.

Das Grundprinzip, welches ermöglicht den Dampf später in vielfältiger Form als Energielieferant zu nutzen, wird nun auf der folgenden Seite, mit dem Aufbau einer einfachen Kolbendampfmaschine, illustriert.

1 VORGESCHICHTE

1.1 EINFÜHRUNG IN DIE FUNKTIONSWEISE EINER DAMPFMASCHINE

Als Dampfmaschine kann im weiteren Sinne jede Maschine verstanden werden, die durch Dampf direkt oder indirekt betrieben wird. Im Folgenden wird aber überwiegend die Kolbendampfmaschine thematisiert, da diese die gängigste Variante darstellt.

Die Kolbendampfmaschine, auch Kolben-Wärmekraftmaschine genannt, wandelt die im Dampf enthaltene Wärmeenergie, die durch Verbrennung erzeugt wurde, in mechanische Arbeit um. Maßgebliche Bestandteile einer solchen Vorrichtung sind Dampferzeuger, Kolben, Pleuel, Schieber, Kurbel, sowie Schwungrad. Diese sind in der untenstehenden Abbildung 2 rot hervorgehoben.

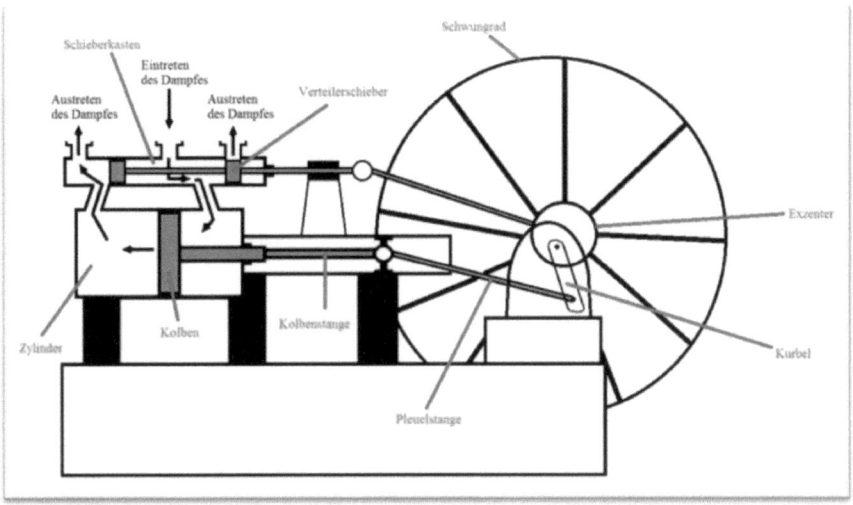

ABBILDUNG 2
Schematische Darstellung einer Kolbendampfmaschine

Das Arbeitsverfahren der Dampfmaschine wird als Zweitaktverfahren bezeichnet, da es sowohl auf der Hin- als auch Zurückbewegung der Kolbenstange basiert. Es wird dabei zwischen dem einseitigen und zweiseitigen Betrieb unterschieden, welche in der Art und Weise verschieden sind, in der der Kolben nach dem ersten Arbeitstakt wieder zurück in die Ausgangsposition gelangt. Standardgemäß wird die Druckzufuhr des Dampferzeugers durch den Schieber freigegeben und der Dampfdruck drückt den Kolben linear in Richtung der Kurbelwelle, wobei die Kraft über den Pleuel auf die Kurbel übertragen wird und somit das Schwungrad in Bewegung versetzt.

Bei einem einseitigen Betrieb wird nun der Kolben, durch die im Schwungrad und der Kurbel-welle gespeicherten Energie, wieder linear zurück in die Ausgangsposition geschoben, während bei einem zweiseitigen Betrieb die Rückbewegung des Kolbens durch eine Dampfdruck-Ansteuerung auf die Unterseite des Kolbens per Schieber realisiert wird.[2]

Der thermodynamische Kreisprozess, der in der Dampfmaschine abläuft, wird als Clausius-Rankine-Prozess[3] bezeichnet. Dies bedeutet, dass sich die Dampfmaschine nach dem Ablauf des Prozesses energetisch wieder im selben Gleichgewichtszustand befindet und verdeutlicht gleich-zeitig die Zustandsänderung des Wassers.

Die erste von insgesamt vier Zustandsänderungen wird als adiabatische[4] Expansion[5] des Damp-fes in der Turbine beschrieben. Dies ist der Vorgang, bei dem der Kolben linear in Richtung der Kurbelwelle befördert wird. Anschließend findet im zweiten Schritt eine isobare[6] Kondensation des Dampfes durch Kühlung anhand eines Kühlwasserkreislaufs statt. Als Nächstes wird durch Druckerhöhung mit Hilfe einer Kesselspeisepumpe das Kondensat in den Dampfkessel zurück-befördert, wo der zuvor erwähnte Dampferzeuger die vierte Zustandsänderung herbeiführt. Die-ser letzte Teilprozess stellt die isobare Wärmezufuhr im Kessel dar. Das Wasser wird erwärmt bis es schließlich verdampft und erfährt anschließend noch eine Überhitzung. Dies führt dazu, dass der Druck in der Phase der Expansion nun wieder unter Abgabe von Arbeit abgebaut wird und den Kolben in Bewegung zu setzen vermag.[7]

---

[2] Vgl. Wikimedia Foundation Inc., Dampfmaschine
[3] Anhand dieses Prozesses lässt sich der Wirkungsgrad von Dampfmaschinen ermitteln. Vgl. Wiley Information Services GmbH
[4] In der Modellvorstellung wird davon ausgegangen, dass dieser Vorgang eine adiabatische Zustandsänderung dar-stellt, d.h. keine thermische Energie mit der Umgebung ausgetauscht wird. Vgl. Spektrum Akademischer Verlag
[5] räumliche Ausdehnung
[6] Eine isobare Zustandsänderung beschreibt in der Thermodynamik eine Zustandsänderung unter konstantem Druck. Vgl. Kampert
[7] Vgl. Brinkmann, 2001

1.2 ÄOLIPILE - DIE DAMPFMASCHINE DER GRIECHEN

Bereits die Griechen besaßen vor etwa 2000 Jahren herausragende Ingenieure. So war es Heron von Alexandria, der im ersten Jahrhundert die wahrscheinlich erste Wärmekraftmaschine der Welt, die Äolipile[8], erdachte und erbaute. Ihr Potential wurde damals allerdings verkannt und so blieb sie als Kuriosum praktisch ungenutzt.

Die Maschine besteht aus einem zum Teil mit Wasser gefüllten Gefäß, an dem beiderseits ein offenes, luftdichtes Rohr hinabreicht. Die Verbindung zwischen dem Rohr und dem kugelrunden Gefäß ist wie in Abbildung 3 dargestellt, über eine drehbare Achse realisiert. An dem Gefäß sind zudem zwei Drüsen angebracht, welche in entgegengesetzte Richtung zeigen.

ABBILDUNG 3
Äolipile

Wird unter der Maschine ein Feuer entfacht, so setzt der entstehende Wasserdampf, der an beiden Enden der Drüsen heraustritt, die Kugel in eine Rotationsbewegung. Es wird praktisch eine Umwandlung von thermischer Energie in mechanische erreicht. Da dieses Funktionsprinzip allerdings eher einer Dampfturbine als einer Dampfmaschine gleicht[9], wird dieser Aufbau einer Wärmekraftmaschine im Nachfolgenden nicht weiter betrachtet. Es sei lediglich angemerkt, dass bereits die alten Griechen das Rückstoßprinzip[10] und die Expansionskraft des Wasserdampfs entdeckt haben, jedoch erst etwas eineinhalb Jahrtausende später den Engländern der entscheidende Durchbruch auf diesem Gebiet gelang.[11] [12]

---

[8] auch Heronsball oder Äolsball genannt
[9] Der Unterschied im Aufbau dieser beiden Maschinen besteht in der Art und Weise wie die mechanische Arbeit verrichtet wird: Bei der Dampfmaschine bewegt der Dampf einen Kolben hin und her, während bei der Dampfturbine der Dampf ein Flügelrad dreht. Die Dampfturbine wurde erst später aus der Dampfmaschine heraus entwickelt. (vgl. Deutsches Museum München)
[10] Basierend auf dem 3. Newtonschen Axiom wird ein angetriebenes Objekt durch einen Rückstoß mit der gleichen Kraft beschleunigt, mit der das Antriebsmedium nach hinten ausgestoßen wird. (vgl. uniprotokolle.de)
[11] Vgl. Wikimedia Foundation Inc., Aeolipile
[12] Vgl. T&S Modelldampfmaschinen

1.3 ERFOLGLOSE DAMPFMASCHINENKONSTRUKTIONEN

Die ersten neuzeitlichen Dampfmaschinen wurden überwiegend zu Demonstrationszwecken verwendet. Die ersten Versuche eine Dampfmaschine als Nutzmaschine zu gebrauchen, kamen unter anderem aus dem sechzehnten Jahrhundert, von Blasco de Garay. Es ist historisch nur wenig Material zu jenem Experiment Mitte des sechzehnten Jahrhunderts zu finden, in dem versucht wurde, ein Schiff durch die Dampfkraft anzutreiben. Aus einem Brief über Blasco de Garays Tätigkeiten vom Direktor der spanischen Archive in Simancas geht hervor, dass das Experiment „aus einem großen Kessel mit kochendem Wasser bestand und aus sich bewegenden Rädern, die an beiden Seiten des Schiffes befestigt waren. In dem Bericht an den Kaiser und den Prinzen wurde die geniale Erfindung generell anerkannt, besonders wegen der Schnelligkeit und Leichtigkeit, mit denen das Schiff bewegt wurde." [13]

Obwohl die Gutachter des Königs ihr Wohlwollen gegenüber dem Einsatz dieser neuen Erfindung in der Seefahrt entgegenbrachten, weigerte sich der Finanzminister wegen der hohen Kosten und Sicherheitsmängel[14] das Projekt weiter zu finanzieren, wodurch es faktisch gescheitert ist.[15]

Einem weiteren Anwendungsgebiet der Dampfkraft widmete sich Ende des siebzehnten Jahrhunderts Thomas Savery, ein englischer Ingenieur und Erfinder. Die Problematik der Wasserhaltung in Bergwerken[16] versuchte er durch eine Maschine zu lösen, welche es ermöglicht Wasser zu heben. Er griff dabei auf die Erkenntnisse des Engländers Denis Papin zurück, der kurz zuvor mit der Erfindung eines Zylinders, in dem ein Kolben durch abwechselndes Abkühlen und Erwärmen mechanische Arbeit verrichtet, die erste funktionierende Wärmekraftmaschine lieferte.

Savery konstruierte eine Dampfpumpe, die es erlaubt Wasser um bis zu zwölf Meter hoch zu heben. Obwohl seine Konstruktion entscheidende Mängel in Sachen Effizienz und Kosten aufwies, ermöglichte sie ihm, ein Patent anzumelden, das bis 1733 gültig war und sich auf alle Maschinen erstreckte, die Wasser mit Hilfe von Feuer hebten. Dies sollte weitreichende Bedeutung für Thomas Newcomen, einen weiteren bedeutenden, englischen Erfinder haben, welcher im Folgenden die Dampfmaschine entscheidend verbessern konnte und die Mängel Saverys behebte. Es wurde ihm jedoch durch das Patent eine Kooperation mit diesem praktisch aufgedrückt.[17]

---

[13] Saralegui y Medina, 1913, zitiert nach: Wikimedia Foundation Inc., Blasco de Garay
[14] Menschen jener Zeit berichteten, dass „die Maschine kompliziert und teuer war und dass die Gefahr bestand, dass der Kessel explodieren könnte" (vgl. a.a.O. „Dampfantrieb Kontroverse")
[15] Ebd.
[16] Siehe dazu Kapitel 4.1 - Technische Anwendungsgebiete - Bergbau
[17] Vgl. Bellis, *sowie* Thurston, 1878

2 DAMPFMASCHINENENTWICKLUNG

2.1 THOMAS NEWCOMEN

Mit Thomas Newcomen erfuhr die neuzeitliche Dampfmaschinenentwicklung ihre erste bedeutende Weiterentwicklung. Die bereits von Savery entwickelte Dampfpumpe genügte den Anforderungen der praktischen Anwendung in Bergwerken nicht, sodass ein effizienterer Aufbau notwendig war.

Newcomen entwickelte in diesem Zuge 1712 die erste verwendbare Dampfmaschine, die als atmosphärische Dampfmaschine bekannt ist. Sie wies zwar einen Wirkungsgrad von lediglich 0,5% auf, löste jedoch problemlos das Wasserhaltungsproblem in Bergwerkstollen weitestgehend.[18]

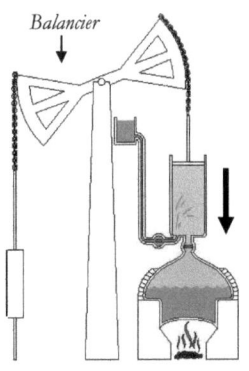

Die atmosphärische Dampfmaschine unterscheidet sich zu der in Abschnitt 1.1 vorgestellten Kolbendampfmaschine in ihrem Aufbau geringfügig, da sie für die Lösung des Wasserhaltungsproblems modifiziert wurde. So wurde der Kolben vertikal angeordnet und über eine Kette mit einem Balancier verbunden, anstatt eine Kurbelwelle mit Schwungrad zu verwenden. Dies ermöglichte es die Grubenpumpen anzutreiben.[19]

Die bedeutendste Veränderung stellte die Art und Weise dar, wie Newcomen das Zurückschieben des Kolbens in den Zylinder realisierte: Nach Vollendung des ersten Arbeitstakts, wird wie in Abbildung 4 angedeutet, die Dampfzufuhr unterbrochen und eine

ABBILDUNG 4
atmosphärische Dampfmaschine
Prozess der Wassereinspritzung

Wassereinspritzung in den Zylinder vorgenommen, um den dortigen Wasserdampf zu kühlen und somit kondensieren zu lassen. Dadurch entsteht im Zylinder ein Unterdruck, der zusammen mit dem von außen wirkenden Luftdruck der Außenluft dafür sorgt, dass der Kolben wieder in den Zylinder herein geschoben wird.

Diese Form der Wassereinspritzung ermöglichte es, den zweiten Takt der Dampfmaschine deutlich schneller durchzuführen[20], wodurch erheblich höhere Kolbentakte genutzt werden konnten.[21]

---

[18] Vgl. Horst Müller Verlag (Hrsg.)
[19] Vgl. Kramer
[20] Denis Papin nahm keine aktive Abkühlung des Wasserdampfs vor, wodurch die damaligen Dampfmaschinenkonstruktionen eine niedrigere Taktrate besaßen. (vgl. LEIFIphysik, Papins atmosphärische Dampfmaschine)
[21] Vgl. Deutsches Museum München

2.2 JAMES WATT

James Watt ist ein schottischer Erfinder, der oftmals fälschlicher Weise aufgrund seiner herausragenden Weiterentwicklungen der Dampfmaschine als deren Erfinder gilt. Watt erkannte früh, dass die von Newcomen entwickelte Maschine nicht wirtschaftlich genug betrieben werden kann und es folglich sinnvoll ist an deren Effizienz zu arbeiten.

So entwickelte Watt ein System, in dem der Dampf nicht mehr innerhalb des Zylinders kondensiert, sondern in einem ausgelagerten Kondensator. Dies hatte den Vorteil, dass beim ersten Arbeitstakt keine Energie verschwendet werden muss, um den abgekühlten Zylinder wieder zu beheizen (Abbildung 6).

ABBILDUNG 5
James Watt, 1797

Als Nächstes verbesserte Watt die Leistungsfähigkeit der Dampfmaschine, indem er die Dampfkraft auf beide Bewegungsrichtungen des Kolbens wirken ließ (Abbildung 7). Dabei ist jeweils die Druckzufuhr in einer Kammer des Zylinders geöffnet um den Kolben in eine gewisse Richtung zu befördern, während in der anderen Kammer das Ventil zum Kondensator geöffnet wird. Dies sorgt dafür, dass der in der gegenüberliegenden Kammer befindliche Dampfdruck die Gegenbewegung des Kolbens nicht behindert. Dampfmaschinen, bei denen die Dampfexpansion in beiden Richtungen genutzt wird, werden als doppelt wirkende Dampfmaschinen bezeichnet.[22]

ABBILDUNG 6
Dampfmaschine mit externem Kondensator
(blau markiert durch Kühlwasserumfluss)

ABBILDUNG 7
Niederdruckdampfmaschine
sowohl doppelt wirkende Dampfmaschine

---

[22] Vgl. ARD, 2005

Diese von Watt geprägte Dampfmaschinenkonstruktion wird allgemeinhin als „Watt'sche Niederdruckdampfmaschine" [23] bezeichnet. Sie hat einen Wirkungsgrad von etwa 3%. Die Entwicklung wurde von Watt um 1769 fertiggestellt und ging 1775 bei der ersten Dampfmaschinenfabrik „Boulton & Watt", deren Mitgründer James Watt war, in die Produktion. Es war die erste Dampfmaschine, die für kontinuierliche und zentralisierte Arbeitsprozesse in der Industrie Verwendung finden konnte. Während die Newcomen-Maschine lediglich für den Einsatz mit Pumpen in Bergwerken eingesetzt werden konnte, eröffnete die Konstruktion Watts zahlreiche neue Anwendungsbereiche[24]. In wie fern Watt mit seinen Forschungen Einfluss auf die Dampfmaschinenentwicklung nahm, soll im Folgenden verdeutlicht werden.

James Watt war ein Begründer des Niederdrucks bei Dampfmaschinen. Er gab den Maschinen lediglich einen leichten Überdruck von einigen 100 mbar auf, was im Nachhinein betrachtet die Weiterentwicklung der Dampfmaschinen für einige Zeit behinderte. Grund dafür waren zahlreiche seiner Patentierungen, die es anderen Ingenieuren praktisch unmöglich machten, weitere Modifikationen an der Watt'schen Konstruktion vorzunehmen. Es wurde dem Unternehmen „Boulton & Watt" zu jener Zeit nachgesagt, dass die Patente als Marktstrategie eingesetzt worden seien, um die Konkurrenz zu behindern.[25] Exemplarisch wurde der Britische Ingenieur Jonathan Hornblower wegen seiner durchaus effizienten Weiterentwicklung, der Verbunddampfmaschine verklagt, da er gegen das Patentrecht verstoßen haben soll.[26]

James Watt hat mit der Zeit seiner Niederdruckdampfmaschine weitere kleine Verbesserungen hinzugefügt. Wegweisend für den industriellen Einsatz der Watt'schen Dampfmaschine war dabei die Erfindung des Fliehkraftreglers 1788, welcher es erlaubt die Dampfzufuhr zu regulieren. Bei einer großen Belastung in einer Fabrik mit Webstühlen kommt es grundsätzlich vor, dass die Drehzahl der Dampfmaschine nicht konstant bleibt. Damit die Dampfzufuhr nicht manuell gesteuert werden muss, wird ein Fliehkraftregler mit einer Drosselklappe gekoppelt, was eine automatische Anpassung der Drehzahl je nach Belastung ermöglicht.

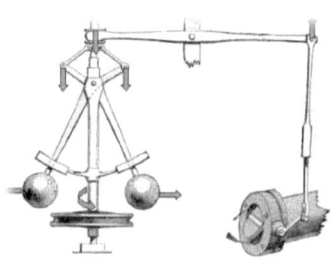

ABBILDUNG 8
Fliehkraftregler an einer Drosselklappe

---

[23] Deutsches Museum München, Die Watt'sche Niederdruckdampfmaschine
[24] Siehe dazu Kapitel 4 - Technische Einsatzgebiete
[25] Vgl. ARD, 2005
[26] Vgl. Marsden, 2004

Watt selber sah seine größte Leistung in der Erfindung des Watt-Mechanismus über den er sagte: *„Obwohl ich um Ruhm mich nicht sorge, bin ich doch auf die Parallelbewegung stolzer als auf irgendeine Erfindung, die ich gemacht habe."* [27]. Dieser Mechanismus setzt sich aus dem Wattgestänge (Abbildung 9) und dem Watt-Parallelogramm (Abbildung 10) zusammen.

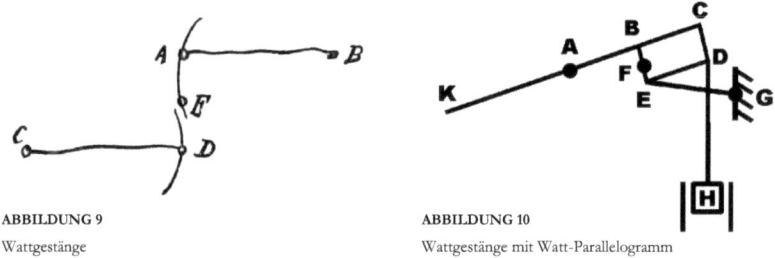

ABBILDUNG 9   ABBILDUNG 10
Wattgestänge   Wattgestänge mit Watt-Parallelogramm

Es handelt sich dabei um Mechanismen zur Kraftübertragung bei doppelt wirkenden Dampfmaschinen, die eingesetzt wurden, da die Verbindung zwischen Balancier und Kolbenstange nicht mehr durch eine Kette realisiert werden konnte. Es musste sowohl Druck, als auch Zug übertragen werden. Das Wattgestänge als mechanische Konstruktion war notwendig, um die Geradführung des Kolbens innerhalb des Gestells zu sichern und gleichzeitig die Kraft auf die Kreisbahn des Balanciers zu übertragen.[28] Das Watt-Parallelogramm hingegen sorgte für eine Vergrößerung und Skalierung des Hubs.[29] Desweiteren entwickelte Watt das Planetengetriebe, da er einen Mechanismus benötigte[30], um die Bewegung des Balanciers in eine Kreisbewegung umzusetzen und somit die mechanische Arbeit in vielfältiger Form[31] verfügbar zu machen.[32] Die detaillierte Erklärung dieser Mechanismen würde im Folgenden den Rahmen dieser Arbeit überschreiten. Das Vorhandensein derselbigen ist allerdings unerlässlich für die Niederdruckdampfmaschine und findet selbst heute noch im Automobilbau, bei der Achsschenkellenkung, Anwendung.

Die als Ehrung nach James Watt benannte SI-Einheit Watt ersetzt das ehemals von ihm selbst eingeführte PS[33]. Er verwendete die Pferdestärke als anschauliche Maßeinheit für die Leistung von Dampfmaschinen, was sein enormes Interesse an der Verbesserung derer Leistungsfähigkeit wiederspiegelt.[34]

---

[27] Zitiert nach: Muirhead
[28] Dies war notwendig, um die Kolbenbewegung auf den Balancier zu übertragen.
[29] Vgl. Reuleaux
[30] Einen vergleichbaren Mechanismus, die Kurbel, konnte Watt damals aus patentrechtlichen Gründen nicht verwenden.
[31] Durch eine Kreisbewegung können beispielsweise Webstühle betrieben werden.
[32] Vgl. Deutsches Museum München, Industrie-Dampfmaschine von James Watt
[33] James Watt kam in einer Reihe von Studien zu dem Schluss, dass 1PS ca. 735,5 heutigen Watt entsprechen.
[34] Vgl. ARD, 2005

2.3 Weitere Dampfmaschinenkonstruktionen

Erst mit dem Jahre 1800 erloschen die Patente von James Watt. Dies ermöglichte eine schnelle Weiterentwicklung der Dampfmaschine. Es entstand eine Vielzahl verschiedener Konstruktionen, von denen die nennenswerten im Folgenden genauer beleuchtet werden.[35]

Durch Verbesserungen in der Metallverarbeitung konnte Richard Trevithick 1803 eine mobile Hochdruckdampfmaschine konstruieren, welche in demselben Jahr als Lokomotive „Puffing Devil" in die Geschichte einging. Das Funktionsprinzip bestand darin, den Dampf[36] über 100° Celsius hinaus zu erhitzen[37] und dadurch einen wesentlich höheren Druck[38] zu erreichen. Damit dies möglich war, wurden exakt hergestellte Maschinenteile benötigt.

Die Hochdruckdampfmaschine bietet zahlreiche Vorteile im Vergleich zur Niederdruckdampfmaschine und anderen Bauarten. Es ist beispielsweise nicht mehr notwendig den Dampf aktiv abzukühlen, sondern es werden an einen Hochdruckzylinder mehrere in Serie geschaltete Niederdruckzylinder hinzugefügt, wodurch der Dampf schrittweise entspannt wird und somit in mehreren Schritten Arbeit verrichten kann. Diese Konstruktion bezeichnet man auch als Verbunddampfmaschine oder Mehrfach-Expansionsmaschine (Abbildung 11), da in Dampfrichtung mindestens zwei nacheinander geschaltete Arbeitseinheiten vorhanden sind. Das Verbundprinzip wurde vor allem im Schiffbau, sowie im Lokomotivbau eingesetzt, wo es 1874 zum ersten Mal patentiert wurde.[39]

Ende des 19. Jahrhunderts war die Verbunddampfmaschine eine alltägliche Erscheinungsform geworden. Sie erreichte einen wirtschaftlichen Wirkungsgrad von etwa 12%.[40] Mit dieser Konstruktion kann der Entwicklungsprozess der Kolbendampfmaschine als beendet angesehen werden, da im 20. Jahrhundert Dampfturbinen, sowie Verbrennungsmotoren die Dampfmaschine zu vertreiben begannen.[41]

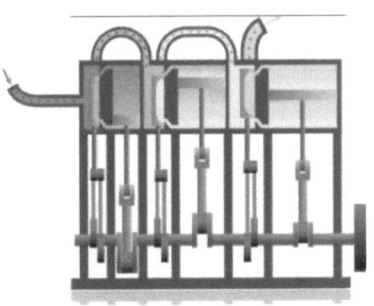

ABBILDUNG 11
Schema einer Verbunddampfmaschine (Dreifach-Expansion)

---

35 Vgl. Deutsches Museum München, Industrie-Dampfmaschine von James Watt
36 In diesem Zusammenhang oft als Heißdampf bezeichnet
37 Es wurden sogar Temperaturen bis zu 350° Celsius erreicht.
38 Ein Nachteil dieses Verfahrens bestand darin, dass die Gefahr eines Kesselzerknalls vorhanden war.
39 Vgl. Horst Müller Verlag (Hrsg.), Die Entwicklung der Dampfmaschine – Die Dampfmaschine im 19. Jahrhundert
40 Vgl. Hanser Verlag (Hrsg.)
41 Vgl. Deutsches Museum München, Die ausgereifte Dampfmaschine

2.4 DAMPFMASCHINE IN DER MODERNE

Moderne Dampfmaschinen haben einen Wirkungsgrad von etwa 16%.[42] Sie werden heutzutage nicht mehr als Fahrzeugantrieb oder Energiequelle in der Industrie verwendet. Im Automobilbau haben sich Verbrennungsmotoren mit einem Wirkungsgrad bis zu 50%[43] durchgesetzt.[44] Der Vorteil gegenüber den Dampfmaschinen liegt zudem darin, dass sie ohne Aufwärmzeit starten, größere Leistung bieten, unkomplizierter aufgebaut sind und ein deutlich niedrigeres Gewicht besitzen.

Die Energieunternehmen heutzutage greifen ebenso wie die Schifffahrt auf (Dampf-)Turbinen zurück, die einen etwas höheren Wirkungsgrad als Dampfmaschinen aufweisen. Der Unterschied liegt darin, dass Dampfturbinen direkt eine Drehbewegung erzeugen, während Dampfmaschinen eine Kolbenbewegung zuerst in ebendiese übersetzen müssen.[45]

In der Moderne ist die Dampfmaschine aber noch nicht vollständig ausgestorben. Sie wird weiterhin im Bergbau für Förderanlagen eingesetzt. Dort kann sie auf zweierlei Weisen wirken: Auf der einen Seite als Motor beim Heraufziehen von Rohstoffen, aber auch als Generator[46] beim Herablassen.

Es wurde außerdem eine Weiterentwicklung der Dampfmaschine zum Dampfmotor vorgenommen. Ein Beispiel dafür ist die Spilling Energie Systeme GmbH, welche kleinere Stromerzeugungsanlagen basierend auf ihrem Dampfmotor aufbaut[47] Es wird generell angegeben, dass Dampfmaschinen heutzutage gewisse Vorteile gegenüber ihren Alternativen haben. Ihr kontinuierlicher Verbrennungsvorgang lässt sich deutlich emissionsärmer gestalten, als unter anderem der Verbrennungsmotor, was zu einer geringeren Umweltbelastung und weniger Verschleiß führt.

Da der Wirkungsgrad allerdings erheblich niedriger ist als bei alternativen Maschinen, ist eine Verbreitung und Weiterentwicklung der Dampfmaschine heutzutage eher unwahrscheinlich. Sie wird teilweise noch in Entwicklungsländern verwendet, weil die Technik einfach zu handhaben ist und der Dampf mit beliebigen Energieträgern erzeugt werden kann.[48]

---

[42] Vgl. Salzmann, 2010
[43] Vgl. GreenGear
[44] Vgl. Paschotta
[45] Vgl. Deutsches Museum München, Dampfturbinen
[46] auch Bremse genannt
[47] Vgl. Spilling Energie Systeme GmbH
[48] Vgl. Wiley Information Services GmbH

3 VERBREITUNG

3.1 VORREITER ENGLAND

Wenn man im Vorangehenden die technische Entwicklung der Dampfmaschine betrachtet, fällt auf, wie stark diese durchgehend vom Einfluss Englands geprägt wurde. Um die Ursachen dieses Phänomens zu ergründen, muss die Vergangenheit dieses Landes betrachtet werden. Diese wirft zahlreiche vorteilhafte Faktoren für das Entstehen von Gewerbe im Gegensatz zu anderen Ländern Europas auf.

England konnte sich im 16. Jahrhundert gegen die aufstrebende Großmacht Spaniens durchsetzen und zahlreiche Kolonien sichern. Als mächtigste Kolonialmacht im 17. Jahrhundert hatte es zudem eine Vormachtstellung im Handelswesen und eine geographisch sehr vorteilhafte Lage zu den Welthandelsstraßen. Außerdem ist im Gegensatz zum restlichen europäischen Festland, das englische Staatsgebiet von Zerstörung und Verwüstung verschont geblieben. Es gelang darüber hinaus frühzeitig eine Staatsverfassung zu erlassen, was der britischen Krone im Vergleich zu übrigen Staaten eine politische Geschlossenheit und Anteilnahme der Bevölkerung am politischen Geschehen zusicherte. Weiterhin war England seinerzeit sehr aufgeschlossen für protestantische Flüchtlinge, die aus weiten Teilen des teilweise streng katholischen Europa zuströmten. Die neu ankommenden Menschen versuchten ihr Glück nicht im Ackerbau, sondern im Handel- und Gewerbebetrieb, da es eben diese Fertigkeiten waren, die sie aus ihrem Heimatland mitnehmen konnten. So entstand ab dem 17. Jahrhundert eine Vielzahl neuer Betriebe und die Gewerbetätigkeit Englands blühte immer stärker auf.[49]

Entscheidend für die Entstehung der ersten Dampfmaschinenfabrik war das Vorhandensein reicher Adliger in England, welche die Ideen der herausragenden Ingenieure mit Geldmitteln förderten. Eine berühmte Persönlichkeit stellt der englische Unternehmer Matthew Boulton dar (Abbildung 12). Er erkannte die Erfindungen von James Watt als revolutionär auf dem Gebiet der Dampfmaschine und gründete mit diesem 1775 die erste Dampfmaschinenfabrik „Boulton & Watt" mit Sitz in Smethwick bei Birmingham.[50]

ABBILDUNG 12
Matthew Boulton

---

[49] Vgl. Matschoss, 1908, S.114-116
[50] Vgl. a.a.O., S.122

15

Diese exportierte in der Folgezeit Dampfmaschinen in alle Welt bis in das Jahr 1910. Die englische Regierung war dabei stets bemüht, das Geheimnis der neuen Erfindung unter Verschluss zu halten. Nur schwer ließen sich Dampfmaschinen anfangs aus dem Land exportieren, da hohe Strafen auf die Ausfuhr von Maschinen und die Auswanderung von Industriearbeitern festgesetzt waren.[51] Es wurde in England stattdessen vermehrt die heimische Textilindustrie[52] mit den neuen Dampfmaschinen beliefert[53], sodass England sich zu demjenigen Land entwickelte, in dem die Industrialisierung als erstes einsetzte. Später begannen die Restriktionen für die Ausfuhr von Dampfmaschinen gelockert zu werden. Eines der frühsten Beispiele stellt das Angebot Boulton & Watts an Preußen dar, welche sich 1778 bereiterklärten, der Bergbauverwaltung eine verbesserte Dampfmaschine zur Wasserhebung unter fachmännischer Anleitung bereitzustellen. Um die Auftragslage aufgrund der schnellen Verbreitung der Dampfmaschine nicht zu gefährden, wurde ein 14-jähriges Liefermonopol verlangt, welches Preußen ablehnte. Stattdessen begann seit Ende des 18. Jahrhunderts eine von vielen Ländern betriebene Industriespionage, um den Engländern die technische Errungenschaft abzuringen und für den industriellen Eigennutzen in Anspruch zu nehmen.

Mit der Verbreitung der Eisenbahn und des Dampfschiffs zur Mitte des 19. Jahrhunderts hin, war die Technologie der Dampfmaschine jedoch endgültig öffentlich zugänglich und es entstanden Fabriken in allerlei Ländern, um den gewaltigen Bedarf an Dampfmaschinen, vor allem im Transportwesen, decken zu können.[54]

---

[51] Vgl. Kulischer, 1988
[52] Bekannte Zentren der Textilindustrie waren Leeds und Manchester
[53] Siehe dazu Kapitel 4.4 - Textilindustrie
[54] Siehe dazu Kapitel 4.2 – Eisenbahn und 4.3 - Schifffahrt

3.2   NACHZÜGLER DEUTSCHLAND

Nach dem Ende des dreißigjährigen Kriegs 1648 galt Deutschland[55] hinsichtlich der industriellen Entwicklung im Vergleich zu anderen europäischen Nationen als Nachzügler. Die Deutschen, die damals oft als Volk der Denker und Dichter bekannt waren, wurden aufgrund fanatischer Bewegung in Politik und Religion, ihrer Schaffungsfreudigkeit gewissermaßen beraubt. Lediglich der Bergbau, der an der europäischen Spitze lag, erinnerte an die damalige Arbeitsfähigkeit und das technische Können des Volkes. Die Jahre des grausigen Krieges sorgten dafür, dass das einst selbstständige deutsche Volk voller Unternehmungssinn, der Bevormundung durch die Machthaber verfiel. Die Menschen wurden praktisch systematisch zur Unselbstständigkeit erzogen. Spätere Philosophen, an erster Stelle Immanuel Kant mit dem berühmten Worten „Sapere aude!"[56], monierten dies und forderten die Leute zu selbstständigem Denken auf, da dies die Voraussetzung für das Entstehen von Gewerbetätigkeit ist.[57]

Es dauerte bis Mitte des 18. Jahrhunderts, bis es in Deutschland zu nennenswerten Veränderungen kam. Diese gingen von Preußen aus, da der dortige König Friedrich II. begann, die Industrie des Landes mit allen Mitteln zu fördern. Es war ein Herrscher, der durch seinen weitsichtigen Blick, die Bedeutung der Industrie erkannte und durch zahlreiche Privilegien und Monopole förderte. Die Förderung war für den Staat sehr kostspielig, da sie sie langjährige Befreiung von stattlichen Abgaben, Zollfreiheit, sowie die freie Miete für Fabrikräume beinhaltete.[58]

ABBILDUNG 13
Friedrich II. im Alter von 68 Jahren

Trotz großer Ausgaben gelang es nur sehr langsam die Menschen für die Gewerbetätigkeit zu begeistern. Die anfangs förderlichen Monopole, die der Staat vergeben hat, stellten sich nach einiger Zeit als Behinderung für den freien Wettbewerb aus und verlangsamten die Industrialisierung zusätzlich.[59]

Ab dem Jahr 1720 tummelten sich nicht nur in Preußen, sondern in ganz Deutschland Erfinder herum, welche dampfgetriebene Maschinen in allerlei Form herstellen und zu vermarkten versuchten. Die meisten dieser Anwendungen blieben jedoch erfolglos. Friedrich II., der seit den im

---

[55] Hiermit ist im Folgenden jenes Gebiet gemeint, das heute als Staatsgebiet der Bundesrepublik Deutschland gilt.
[56] Lat. „Habe Mut, dich deines eigenen Verstandes zu bedienen!"
[57] Vgl. Matschoss, 1908, S.140-141
[58] Vgl. a.a.O., S.144
[59] Vgl. a.a.O., S.145

Jahre 1725 von Jacob Leupold veröffentlichten Berichten über die englischen Dampfmaschine, über die Verwendung derselbigen in Bergwerkstollen nachdachte, schrieb in einem Kabinettsbefehl an seinen Minister Heinitz 1780: „Ich habe Euch demnach hierdurch beauftragen wollen, diese Feuer-Maschine genauer zu examinieren [...] und zu sehen, was daran fehlet [sic!] [...] daß solche bei allen Bergwerken dazu gebrauchet [sic!] werden kann, um das Wasser herauszubringen."[60].

Nachdem Preußen begann, die Vorgänge in England wachsam mitzuverfolgen, erfuhr Friedrich II. noch im selben Jahr von den Erfindungen Watts und ließ zwei Gesandte nach England reisen, um die technischen Neuerungen auszukundschaften. Da England aber, wie im vorherigen Kapitel 3.1 erwähnt, daran interessiert war die technische Vormachtstellung beizubehalten, war dies eine schwierige Angelegenheit. Einige Zeit lang wurden Arbeiter der englischen Dampfmaschinenfabriken von den königlichen Gesandten regelrecht ausspioniert und ausgehorcht. Es wurde mit allen Mitteln versucht, den Befehl des Königs auszuführen und diese revolutionäre Erfindung nach Preußen zu bringen.[61] Nachdem die Spionage erfolgreich abgeschlossen war, konnte die preußische Krone 1783 die erste Watts'che Niederdruckdampfmaschine auf eigenem Boden in Auftrag geben. Diese wurde 1785 fertiggestellt und in einem Bergwerkstollen nahe Hettstedt zur Entwässerung in Betrieb genommen.[62]

In den folgenden Jahren entstand auf preußischem Boden, vor allem im Schlesien, eine Vielzahl an Fabriken, die das neu erworbene Wissen nutzten, um Maschinenteile fertigen zu lassen. Die Förderung dieses Industriezweigs ist wiederum Friedrich II. anzurechnen, der die Notwendigkeit der Dampfmaschine für den deutschen Bergbau schon früh erkannte und durchweg befürwortete.

Aus Schlesien verbreitete sich die Dampfmaschine über ganz Deutschland. Bereits 1801 wurde auf der Zeche Vollmond bei Langendreer in Westfalen eine Maschine in Betrieb genommen und im selben Jahr wurde die Zeche Wohlgemut in Essen mit einer ausgestattet.[63]

In der Folgezeit wurde die Dampfmaschine in Deutschland zum Antrieb einer immer größeren Anzahl verschiedener, industrieller Sektoren verwendet. Die Verwendung der Dampfmaschine wurde dabei von der preußischen Verwaltung in Zahlen festgehalten, wohingegen aus England nahezu kein statistisches Material vorliegt. Das folgende Diagramm 1 stellt die Situation rund um die Dampfmaschinenbetriebe im Jahr 1905 in Deutschland dar.

---

[60] Matschoss, 1908, S.149
[61] Vgl. a.a.O., S.149-150
[62] Vgl. a.a.O., S.151
[63] Vgl. a.a.O., S.152-153

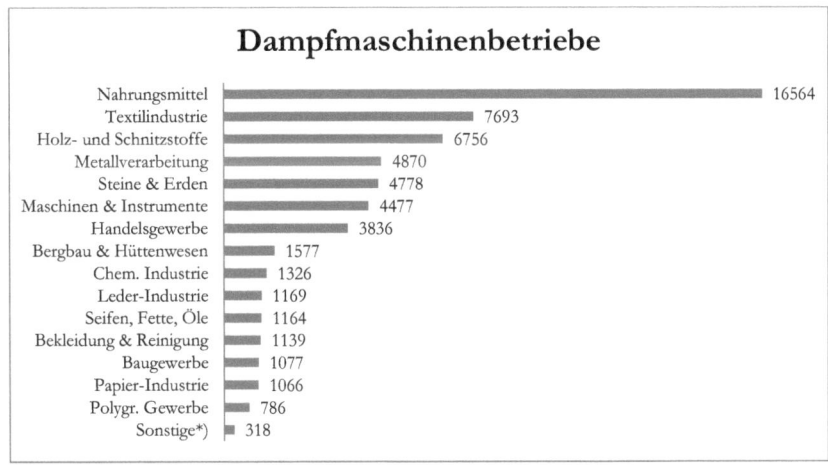

Dampfmaschinenbetriebe

Gewerbe	Anzahl
Nahrungsmittel	16564
Textilindustrie	7693
Holz- und Schnitzstoffe	6756
Metallverarbeitung	4870
Steine & Erden	4778
Maschinen & Instrumente	4477
Handelsgewerbe	3836
Bergbau & Hüttenwesen	1577
Chem. Industrie	1326
Leder-Industrie	1169
Seifen, Fette, Öle	1164
Bekleidung & Reinigung	1139
Baugewerbe	1077
Papier-Industrie	1066
Polygr. Gewerbe	786
Sonstige*)	318

DIAGRAMM 1 [64]

Anzahl der Betriebe mit Einsatz der Dampfmaschine in Deutschland, sortiert nach Gewerbe, 14. Juni 1905

*) Tierzucht und Fischerei, Kunst, Verkehr, Beherbergung, Freizeit

Die Dampfmaschine hat bereits zu Beginn des 20. Jahrhunderts in beinahe allen Geweben Einzug erhalten. Die häufige Verwendung der Dampfmaschine bei der Herstellung und Verarbeitung von Nahrungsmittel ist an der obenstehenden Darstellung abzulesen. Die wichtigsten Anwendungsgebiete der Dampfmaschine in der Landwirtschaft sind der Dampfpflug und die Dampfmühle, welche beide erstmalig um die Mitte des 19. Jahrhunderts, in England erbaut wurden.[65]

ABBILDUNG 14

Dampfpflug um 1900, restauriert

[64] Quelle: Eigene Abbildung, Material aus Matschoss, 1908, S.42
[65] Vgl. Deutsches Landwirtschaftsmuseum, 2012

4 TECHNISCHE EINSATZGEBIETE

4.1 BERGBAU

Der Kohlebergbau in England stand am Anfang des 17. Jahrhunderts unter großem Druck. Die wirtschaftliche Existenz vieler Grubenbesitzer und gar der gesamten englischen Volkswirtschaft wurde bedroht durch das Problem der Wasserhaltung, welches in tiefer werdenden Gruben zunehmend auftrat.

Die rasante Entwicklung der Industrie führte außerdem zu einem immens hohen Kohleverbrauch und erforderte eine Möglichkeit den traditionellen Stollenbergbau zum Tiefenbergbau auszuweiten, um an die wertvollen Kohlevorkommen in den tieferen Schichten heranzukommen. Dazu sind spezielle Pumpeinrichtungen nötig, da das aus dem Stollen ans Tageslicht gepumpt werden muss. In Stollen mit Tiefen bis zu 40 Metern konnte hingegen das Prinzip der natürlichen Wasserlösung angewendet werden.[66] [67]

Die damaligen Ingenieure benötigten folglich eine Energiequelle, um mit Pumpstationen die Probleme des Bergbaus lösen zu können. Den Durchbruch auf diesem Gebiet leistete Thomas Newcomen, dessen Kolbendampfmaschine während des 17. Jahrhunderts etwa 1 500 Mal in Bergwerken verbaut wurde.[68]

Die Newcomen-Maschine wurde fortlaufend verbessert und bereits Anfang des 18. Jahrhunderts in einer mobilen Variante in England verbaut. Diese ermöglichte das Anheben von 10 000 Kubikfuß Wasser um 63 Fuß innerhalb von 24 Stunden und löste das Problem der Wasserhaltung anhaltend.[69] [70]

Desweiteren konnte die mobile Dampfmaschine zur Kohleförderung benutzt werden, was die Geschwindigkeit erhöhte und die Arbeiter in den Bergwerken stark entlastete.

ABBILDUNG 15

Kohleförderung ohne Dampfmaschine

---

[66] Vgl. Knittel, 2012
[67] Die natürliche Wasserlösung beschreibt eine Lösung des Wasserhaltungsproblems im Bergbau und besteht darin, das Wasser in den am tiefsten gelegenen Stollen zu leiten und von dort aus über das Stollenmundloch in den nächstgelegenen Fluss abfließen zu lassen. (vgl. Hartmann, 1852)
[68] Vgl. Knittel, 2012
[69] Vgl. Wagenmann, 1857
[70] Ein Fuß entspricht ca. 0,3m

Ein weiteres Anwendungsgebiet erkannten die Bergleute außerdem darin, die Dampfmaschine zur Aufbereitung von Rohstoffen und deren Zerkleinerung zu verwenden.[71]

Ein industrieller Kreislauf entstand durch die Notwendigkeit von Kohle, welche wiederum dazu eingesetzt wurde, um mehr Dampfmaschinen herzustellen. Zu diesem Zweck wurde die Genauigkeit der Fertigungsprozesse in der Metallindustrie verbessert und gleichzeitig der Umstieg von Braunkohlebergbau zur Steinkohle realisiert. Durch die Vielzahl der Anwendungsgebiete im Bergbau, wurde die Dampfmaschine somit gewissermaßen zum „Motor der Industriellen Revolution".[72]

4.2   EISENBAHNEN

Ein weiteres Hindernis der englischen Wirtschaft stellten im 17.Jahrhundert die schlechten Verkehrsverbindungen dar. Der Transport über den Schiffsweg wurde gegenüber dem Straßenverkehr bevorzugt, jedoch wegen den starken räumlichen, sowie zeitlichen Einschränkungen beklagt.[73]

Der Durchbruch gelang dem englischen Techniker Richard Trevithick 1803 mit der Konstruktion der funktionsfähigen Dampflokomotive „Puffing Devil"[74]. Diese wurde 1804 im Bergbau auf der Grubenbahnstrecke Merthyr-Tydfil eingesetzt und erreichte beim Ziehen eines Zuges von 43 Tonnen eine Geschwindigkeit von ca. 3,5 km/h.[75]

Kurze Zeit darauf wurde unter der Leitung des Eisenbahnpioniers Georg Stephensons die weltweit erste öffentliche Eisenbahnstrecke in Betrieb genommen. Die Strecke Stockton-Darlington wurde am 27. September 1825 mit einem Zug aus insgesamt 39 Wagen das erste Mal befahren. Stephenson zeichnete sich dabei durch die Weiterentwicklung der Schienenbeschaffenheit aus, da er die gusseisernen Pferdebahn-Schienen Trevithicks durch widerstandsfähigeres Material ersetzte und somit das Gewicht größerer Loks ermöglichte. Aufgrund seines Erfolges im Eisenbahnwesen wird Stephenson außerdem häufig fälschlicherweise als Erfinder der Dampflokomotive genannt.[76]

---

[71] Vgl. Deutsches Verlagshaus Bong & Co., Berlin, Leipzig, Wien, Stuttgart , 1904
[72] Vgl. Gymnasium Lechenich, 1998
[73] Vgl. NMM: die industrielle Revolution
[74] Verlag Horst Müller (Hrsg.), Die Dampfmaschine im 19. Jahrhundert
[75] Vgl. Vilem, 2001
[76] Vgl. Matthaei, George Stephenson, 2011

Sein größter Erfolg ist dabei das „Rennen von Rainhill", welches 1829 veranstaltet wurde, um eine geeignete Lokomotive für die neu errichtete Strecke Liverpool-Manchester zu finden. Die durch ihn und seinen Bruder Robert Stephenson konstruierte „Rocket" gewann das Rennen gegen vier weitere Mitbewerber. Mit einer Durchschnittsgeschwindigkeit von 20km/h war sie die einzige Dampflock, welche die Strecke überwinden konnte[77] und bescherte Georg Stephenson weltweite Anerkennung. Er wirkte fortan beim weltweiten Eisenbahnfortschritt mit, indem er unter anderem die Lokomotive „Adler" für die Bayrische Ludwigsbahn zwischen Frankfurt und Fürth lieferte.[78] [79] Dampflokomotiven spielten seitdem eine wichtige Rolle in der Industrialisierung, da sie dem Transportwesen eine deutliche Effizienzsteigerung bescherten.

ABBILDUNG 16
Modell der Adler von Stephenson (Maßstab 1:24)

ABBILDUNG 17
Umgebaute Originallokomotive "The Rocket" von Georg und Robert Stephenson im Science Museum, London

Ein Beispiel dafür, wie weitreichend die Erfindung der Dampflok war, ist die Republik Polen. Sie hat bis nach dem 2. Weltkrieg um die 100 Dampflokomotiven im regionalen Güterverkehr betrieben, von denen die letzte 1980 stillgelegt wurde. Einige Exemplare sind bis heute auf dem Lok-Friedhof in Karsznice zu sehen.

ABBILDUNG 18
Dampfkessel der Dampflok Ty 246, ausgestellt in Karsznice (PL)

---

[77] Die anderen Dampfloks scheiterten an technischen Defekten (Kesselexplosion) und einer zu geringen Geschwindigkeit
[78] Vgl. Matthaei, „Rocket" und Rainhill, 2012
[79] Die Streckenlänge betrug ca. 6,04km (vgl. Drexler)

4.3 SCHIFFFAHRT

Der erste Versuch ein Schiff mit Dampf anzutreiben, soll von dem spanischen Schiffshauptmann Blasco de Garay gekommen sein.[80] Es wird allerdings von vielen Historikern für unmöglich gehalten, dass diese Konstruktion praxistauglich gewesen sein soll, da bis heute keinerlei Konstruktionspläne offengelegt worden sind und die technischen Möglichkeiten im sechzehnten Jahrhundert nicht gegeben sein konnten.[81]

Erst Ende des 18.Jahrhunderts, nachdem die Watt'sche Dampfmaschinenkonstruktion bekannt war, gelang es dem Amerikaner John Fitch 1785 ein Heckraddampfer, die „Perseverance", zu erbauen. Bereits drei Jahre später war die Konstruktion ausgereift genug, um die regelmäßige Personenbeförderung auf der 20 Meilen langen Strecke Philadelphia-Burlington aufzunehmen. Mit einer Geschwindigkeit von bis zu 7,4km/h schaffte sie die oben genannte Strecke in knapp 3 Stunden und 10 Minuten. [82]

Da die Entwicklung der dampfgetriebenen Schifffahrt sehr kostspielig war und kein akutes Bedürfnis dieses Transportmittels bestand, dauerte es bis in das 19. Jahrhundert hinein, bis die Dampfschifffahrt einen entscheidenden Aufschwung erhielt. Robert Fulton erhielt im Jahre 1804, während der Zeit des britisch-französischen Kriegs, die Geldmittel von der britischen Krone, um das Dampfschiff „Claremont" zu bauen.[83] Anfangs von der Bevölkerung verspottet, wurde es kurze Zeit darauf der Schrecken der Seefahrer, welche erstaunt und voller Furcht auf das dampfgetriebene Schiff blickten, aus dessen Kessel Flammen loderten und welches sie entgegen der Windrichtung passierte. Fultons Dampfschiff bekam nach zahlreichen erfolgreichen Testfahrten den Zuspruch der Bevölkerung und wurde 1808 für kurze Zeit kommerziell für die regelmäßige Personenbeförderung zwischen New York und Albany eingesetzt.[84]

Die europäische Schifffahrt begann 1812 mit dem schottischen Erfinder Henry Bell, welcher mit seinem 40 Fuß[85] langen Schiff „Comet" die Route Glasgow-Greenock-Helensburgh eröffnete. An den drei Stationen dieser Route war bereits früh zu erkennen, was für einen Stellenwert die Dampfschifffahrt einnehmen wird, da der Wohlstand dieser Orte innerhalb kürzester Zeit deutlich gestiegen war und sich der Bedarf an Handelsrouten generell stetig erhöhte.[86]

---

[80] Siehe dazu auch Kapitel 2.3 – Weitere Dampfmaschinenkonstruktionen
[81] Vgl. Matschoss, 1908, S.68
[82] Vgl. a.a.O., S.71-72
[83] Vgl. a.a.O., S.76
[84] Vgl. a.a.O., S.77-78
[85] 1 Fuß entspricht 30,48cm
[86] Vgl. a.a.O., S.80-81

Der endgültige Durchbruch auf dem Gebiet der Seefahrt fand im Jahr 1819 statt. Dem in Amerika erbauten Dampfer „Savannah" gelang es den Ozean zu durchkreuzen und die Städte New York, Liverpool, Kopenhagen, Stockholm, St. Petersburg, sowie Savannah zu erreichen. Den Dampfer für die Personenbeförderung zu verwenden, erwies sich allerdings auf lange Sicht zu kostspielig, sodass die „Savannah" wie viele der späteren Konstruktionen, lediglich zum Gütertransport diente. Bis Anfang des 20. Jahrhunderts leisteten die Dampfschiffe ihren Dienst überwiegend in den Handelsflotten, wo sie die Segelschiffe 1907 endgültig abgelöst haben (Diagramm 2). [87]

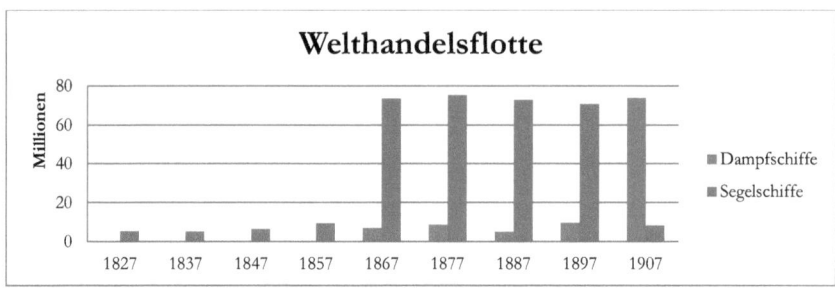

Dampfschiffe wurden außerdem in der Kriegsführung eingesetzt. England war bis in das 20. Jahrhundert hinein durchgehend führend in der Flottengröße und technischen Umsetzung der Kriegsdampfschiffe. Der erste Einsatz der Flotte fand 1840 statt, als vier britische Raddampfer die asiatische Stadt Akka beschossen und dabei wesentlich zu deren Eroberung beigetragen haben.[90] In der Kriegsmarine wurden die Segelschiffe ähnlich wie in der Handelsflotte zur Jahrhundertwende durch die Dampfschiffe abgelöst.

Die anfangs erwähnte Personenbeförderung durch Dampfschiffe wurde erst ab Beginn des 20. Jahrhunderts lukrativ. Eines der heute noch berühmtesten Passagierschiffe entstand 1912, die RMS Titanic. Als Mehrschraubendampfer wurde der Titanic allerdings noch zusätzlich eine Abdampfturbine nachgeschaltet, um den Wirkungsgrad zu erhöhen. Dies war bereits der erste Schritt der Dampfschifffahrt hinweg von den Dampfmaschinen, zu den durchaus effizienteren Dampfturbinen hin.[91]

---

[87] Vgl. a.a.O., S.82
[88] Quelle: Eigene Abbildung, Material aus Matschoss, 1908, S.83
[89] Eine Registertonne entspricht 2,83m³
[90] a.a.O., S.87
[91] Vgl. Halpern, 2007

4.4. TEXTILINDUSTRIE

Bereits vor dem Aufkommen der Dampfkraft hat es in einigen Ländern ab dem dreizehnten Jahrhundert Gewerbeanlagen mit einer Vielzahl an Arbeitern gegeben. Diese waren überwiegend in der Textilindustrie Englands, Italiens und Belgiens tätig. Als anfangs versucht wurde die bestehenden Fabriken, die teilweise mit Wasserkraft betrieben wurden, auf die Dampfkraft umzurüsten, fiel schnell das Problem der Rotationsbewegung auf, welche zuvor vom Wasserrad geliefert wurde. Die ersten Anwendungen der Dampfmaschine waren nicht fähig, die lineare Bewegung der Kolbendampfmaschine in eine Kreisbewegung umzusetzen. Es wurde stattdessen die Dampfmaschine im Pumpbetrieb verwendet, um das Wasserrad kontinuierlich mit Wasser zu versorgen. Da dieser Aufbau allerdings relativ ineffizient ist, wurde ein Weg gesucht, die Kraft der Dampfmaschine direkt auf die Fabrikanlage zu übertragen.[92]

Es dauerte bis hin zur Mitte des 18. Jahrhunderts, bis James Watt mit seiner Konstruktion der Niederdruckdampfmaschine und dem Planetengetriebe ebendiese gewünschte Kraftübertragung möglich machte. Mit dem Auftreten effizienter Industriemaschinen, wie der Waterframe-Spinnmaschine des englischen Erfinders Richard Arkwright 1769, konnte die Leistungsfähigkeit der Dampfmaschinen voll ausgenutzt werden, sodass die Grundlage zu einer sich schnell entwickelnden Großindustrie geschaffen wurde.[93] Die Textilindustrie Englands war diejenige, die am stärksten boomte und durch enormen Bedarf an Dampfmaschinen ein großes Absatzfeld für Unternehmen wie die Dampfmaschinenfabrik Boulton & Watt schuf.[94]

Die britische Textilindustrie war bereits 1788 mit insgesamt 142 Fabriken den anderen Ländern weit voraus. Es wurden dabei zu dieser Zeit 19 Millionen Pfund Rohbaumwolle eingeführt. Diese Menge erhöhte sich bis 1891 auf rund 1995 Mio. Pfund, welche 1903 von circa 47,2 Mio. Baumwollspindeln verarbeitet wurde. Zum Vergleich hat der gesamte europäische Kontinent lediglich 34 Mio. und die Vereinigten Staaten nur 22,24 Mio. Spindeln in Betrieb. Weltweit wird von insgesamt 112 Mio. ausgegangen. An den reinen Zahlen ist bereits erkennbar, wie stark die Dampfmaschine als Energielieferant weiterer Maschinen die Erträge zu steigern vermochte.

Ein weiterer Vergleich zeigt die enorme Entlastung, aber auch die Gefährdung traditioneller Berufe durch diese Form der Mechanisierung: Die tägliche Leistung einer fleißigen Handspinnerin konnte von den Maschinen in rund 10 Minuten geliefert werden.[95]

---

[92] Vgl. Matschoss, 1908, S.39
[93] Vgl. Bellis, Spinning Frame - Water Frame , 2012
[94] Vgl. Matschoss, 1908, S.40
[95] Vgl. a.a.O., S.41

5 GESELLSCHAFTLICHE VERÄNDERUNGEN

5.1 INDUSTRIELLE REVOLUTION

Um nicht von der menschlichen Kraft, derer der Elemente oder Tiere abhängig zu sein, wurde eine Möglichkeit gesucht, mineralische Grundstoffe wie Kohle und Eisen zur mechanischen Energieerzeugung zu verwenden. Als die Entwicklung der Dampfmaschine bis zur Industrietauglichkeit fortgeschritten war, eröffneten sich Ingenieuren Möglichkeiten, Kraftmaschinen auf deren Basis zu verwirklichen, was zur Entstehung von Fabriken führte.[96] Es entstand eine Mechanisierung von Handarbeit durch technische Hilfsmittel. Im Folgenden liegt der Fokus auf den gesellschaftlichen Veränderungen, die in Folge der Industrialisierung auftraten und deren Auslöser die Dampfmaschine war.

Das Aufkommen der Dampfmaschine entlastete die Wirtschaft, vor allem in England, sehr stark. Die Preise für Holzkohle stiegen seit dem 16. Jahrhundert kontinuierlich an, da Holzkohle im herkömmlichen Gewerbe, als auch in privaten Haushalten eingesetzt wurde und hierfür viele Wälder gerodet werden mussten. Die Dampfmaschine ermöglichte den Untertagbau in Bergwerken, da sie als Wasserpumpenantrieb diente. Das tiefere Eindringen in die Erdschichten führte Ende des 18. Jahrhunderts bereits dazu, dass Steinkohle gefördert werden konnte, welche zur effektiven Eisenverarbeitung unerlässlich war.[97] Somit leitet die Dampfmaschine einen industriellen Kreislauf ein: Sie legte den Grundstein für das Entstehen von moderner Industrie, was wiederum zur erhöhten Nachfrage der Dampfmaschine an sich und deren fortlaufenden Verbesserung führte.

Viele Unternehmer erkannten zu jener Zeit die Bedeutung dieser neuen Errungenschaft und errichteten Fabriken, in denen Arbeiter neuartige Maschinen, wie den Webstuhl, bedienen konnten. Ab der zweiten Hälfte des 18. Jahrhunderts begann somit der Wandel von der Agrar- zur Industriegesellschaft. Die Landbevölkerung, welche in Folge des Pauperismus[98] für jede Art von Arbeit dankbar war, bewegte es zur Landflucht, sodass die Menschen mitsamt Hab und Gut in die Nähe von Fabriken zogen. Die Städte bildeten sich somit um die Fabriken herum, was aufgrund der damals fehlenden Abwassersysteme zu einer großen Gefahr von Cholera-Epidemien führte.[99]

Die Dampfmaschine revolutionierte die Bevölkerungsstrukturen allerdings nicht nur durch die Urbanisierung, sondern auch im Bezug auf das soziale Leben breiter Bevölkerungsschichten.

---

[96] Vgl. Schubert, 2011
[97] Siehe dazu auch Kapitel 4.1 - Bergbau
[98] Massenarmut, die u.a. durch ein explosionsartiges Bevölkerungswachstum entstand
[99] Vgl. Stefanie Klug et al.

Die vorindustrielle Ständegesellschaft, die auf Geburts- und Rechtsstatus basierte, wurde von einer wirtschaftlich bestimmten Klassengesellschaft abgelöst. Die neue Machtgrundlage bestimmte das Kapital, das Fabrikarbeiter und Unternehmer unterschied. Fabrikanten, die oft selbst aus dem Arbeiterstand hervorgingen, packte die Sucht, schnell reich zu werden.[100] Durch die Bedrückung der Arbeiter in Form von unverhältnismäßigem Lohn und Arbeitszeit, entstand mit dem Proletariat eine neue gesellschaftliche Unterschicht. Sie bestand aus Landarbeiter, Tagelöhnern, Handwerkern und all jenen, die außer ihrer bloßen Arbeitskraft nichts zu verkaufen hatte. Die Menschen, deren einziges Kapital einst ihre Arbeitsgeschicklichkeit und handwerkliche Ausbildung darstellte, waren nun der Willkür der Unternehmer ausgeliefert.[101]

Unabhängig von der physischen Kraft konnten durch die Dampfmaschine sowohl Frauen, als auch Kinder in Fabriken beschäftigt werden. Dies lockerte die Familienbande und verschaffte der Frau eine vom Mann unabhängige Existenz.[102] Allerdings wurden Frauen deutlich schlechter bezahlt als Männer und Kinder mussten sogar zusätzlich Schwerstarbeit in Bergwerkstollen verrichten.

Während des 18. Jahrhunderts kann man beobachten, wie die Dampfmaschine den Lebensstandard großer Bevölkerungsschichten kontinuierlich verschlechtert. Die Kluft zwischen der besitzlosen Arbeiterschaft und den Kapitalisten führt zu einer unkontrollierten Ausbeutung der Massen und deren sozialen Verelendung.[103] Ein Hass der Unterdrückten auf das Fabriksystem begann die Leute aufzurütteln und die Schuld dabei dem Maschinenwesen zuzuweisen. Der berühmte französische Nationalökonom Bastiat machte mit den Worten „Malédiction sur les machines!"[104] [105] die Maschinen verantwortlich für „den Pauperismus von Millionen Arbeitern, dem Verschwinden von Arbeitsplätzen und dem Entstehen von Massenarmut"[106]. Um dieser Entwicklung zuvorzukommen, versuchten Maschinenstürmer weltweit Fabriken zu zerstören. Die bekanntesten Aufstände dieser Protestbewegung fanden unter den Ludditen um 1811 in England statt, konnten allerdings den Siegeszug der Dampfmaschine nicht hemmen.[107]

Die Möglichkeiten, welche die Dampfkraft für die Wirtschaft eröffnete, schien die Menschen regelrecht blind im Bezug auf das sozialen Empfinden zu machen. Dies kann exemplarisch an der maßlosen Ausbeutung der Kinder festgemacht werden, welche der österreichische Graf Buquoy

---

[100] Vgl. Matschoss, 1908, S.272
[101] Vgl. a.a.O. *ebenso* bpb, 2011
[102] Vgl. a.a.O., S.273
[103] Vgl. bpb, 2011
[104] franz. „Verflucht seien die Maschinen!"
[105] Fr. Passy, Les machines et leur influence sur le développement de l'humanité. Paris 1866, zitiert nach: Matschoss, 1908, S.273
[106] freie Übersetzung, a.a.O., S.273
[107] a.a.O., S.274

1814 mit den folgenden Worten rechtfertigte: „Ich glaube vielmehr, daß [sic] man auf Mittel sinnen sollte, unmündige Knaben und Mädchen schon frühzeitig zu zweckmäßiger Arbeit anzuhalten." [108]

Erst allmählich drang die öffentliche Meinung durch und verhalf den Arbeitern durch Arbeiterschutzgesetze ihre Stellung zu verbessern. Nach und nach begann somit Ende des 19. Jahrhunderts der Lebensstandard breiter Massen allmählich besser zu werden. Dies wurde ermöglicht, indem sich Arbeiter zusammenschlossen und politisch, sowie gewerkschaftlich aktiv wurden. Das öffentliche Leben nahm neue Formen an, da die Arbeiter lernten sich zu organisieren und sich als breite Masse Gehör zu verschaffen. Diese Konzentrationsbestrebungen sind bis heute in Form von Verbänden, Gewerkschaften und Genossenschaften wiederzufinden und stammen aus dem damaligen Bestreben des Proletariats sich wirtschaftliche Macht anzueignen. [109]

Die Dampfmaschine steuerte aber nicht nur dazu bei, dass Arbeiter sich zu organisieren versuchten. Es ist an ihr außerdem ersichtlich, dass technische und naturwissenschaftliche Kenntnisse für die gesamte Bevölkerung bereitgestellt werden müssen. Der Industriearbeiter ist für ein Unternehmen viel wertvoller, wenn er die Arbeitsvorgänge der Maschinen versteht und sie effizient überwachen kann. [110] Somit kam Ende des 19. Jahrhunderts die Notwendigkeit einer breiten technischen Volksbildung auf, die für wirtschaftlichen Fortschritt unerlässlich ist. Der englische Großindustrielle Sir William Armstrong gestand: „Die Unkenntnis der breiten Masse [...] ist sowohl ein Hemmnis für den Fortschritt des Einzelnen wie ein Verlust für die Nation" [111].

Man kann zusammenfassend feststellen, dass die Dampfmaschine der Industrialisierung einen wichtigen Beitrag geleistet hat und Produktivität in damals ungeahnten Höhen ermöglichte. Die menschliche Grausamkeit und Rücksichtslosigkeit führte allerdings dazu, dass im Übergang zur dieser neuen Wirtschaftsepoche, Elend und Armut eine große Rolle spielten. Rückblickend betrachtet legte aber genau diese Epoche den Grundstein der heutigen Arbeitsformen, die frei von körperlicher Arbeitsleistung stehen und es jedermann ermöglichen sein persönliches Leben auszugestalten. [112]

---

[108] Matschoss, 1908, S.274
[109] Vgl. bpb, 2011
[110] Vgl. Matschoss, 1908, S.275
[111] Schulze-Gävernitz, Der Großbetrieb, Leipzip 1892, zitiert nach: Matschoss, 1908, S.275
[112] Vgl. Matschoss, 1908, S.277

5.2 TRANSPORTWESEN

Während die Dampfkraft in der Seefahrt lediglich mit Misstrauen beäugt wurde, schien sie auf dem Festland auf deutlich größeren Widerstand der Bevölkerung zu stoßen. Nachdem der englische Konstrukteur Richard Trevithick Ende des 18. Jahrhunderts mit seinem Dampfwagen „Feuerdrache" für ein großes Aufsehen gesorgt hatte, spaltete sich die Meinung in der Bevölkerung. Besonders betroffen von dieser neuen Erfindung war England, wo um 1800 bereits circa 100 Dampfwagen (Abbildung 20) unterwegs waren. Die Öffentlichkeit debattierte stark über das Für und Wider des neuen Transportmittels. Gegner sahen in der Geschwindigkeit und Kraft des neuen Gefährts eine Gefahr für den übrigen Straßenverkehr und den Fußgänger. Außerdem wurde oft auf vergangene Unglücksfälle der Dampfmaschine hingewiesen, die oft in Form des Kesselzerknalls (Abbildung 19) aufgetreten sind und Teile der Bevölkerung gefährdet haben.[113]

ABBILDUNG 19
Kesselzerknall der Lokomotive „Windsbraut" am 21. Mai 1846 in Leipzig

ABBILDUNG 20
Typischer Dampfwagen aus dem Jahr 1830

Die hartnäckigsten Gegner des Dampfwagens stellten die Fuhrherren und Pferdebesitzer dar. In England und Irland wurden seinerzeit 2 Millionen Pferde für den Handelsverkehr gebraucht, sodass die Furcht der einfachen Bevölkerung durch den Hass derer Pferdebesitzer ergänzt wurde, die allmählich zusahen, wie der Dampfwagen die Pferdekutschen zu verdrängen begann.

Im öffentlichen Leben wurde das neuartige Dampfmobil von der Volksmenge verhöhnt und sogar mit Steinen abgeschmissen. Es wurde zudem überliefert, dass andere Verkehrsteilnehmer Dampfwägen nur widerwillig auswichen und es sogar auf Zusammenstöße ankommen ließen, da die Bevölkerung gegen das Automobil aussagte.[114] Ein entscheidender Grund, weshalb die Ent-

---

[113] Vgl. Matschoss, 1908, S.90
[114] Vgl. a.a.O., S.91

wicklung des dampfgetriebenen Wagens in England schließlich vollständig gehemmt wurde, ist ein berüchtigtes Gesetz, das in Großbritannien erlassen wurde und den Hass der breiten Masse gegen das Monstrum auf der Straße wiederspiegelt: Obwohl die Höchstgeschwindigkeit auf 4km/h festgesetzt war, musste in 100m Abstand zu einem pferdelosen Wagen, ein Mann mit roter Fahne vorangehen, um vor dem Nahen eines gefährlichen Gefährts zu warnen. Diese Regelung wurde erst wieder 1895 aufgehoben als die Verbrennungsmotoren aufkamen und der Bau von Dampfwagen ohnehin nicht mehr zeitgemäß war. Bis dahin nahm die Lokomotive einen weitaus größeren Stellenwert ein, obgleich sie deutlich kostspieliger war.[115]

Die Eisenbahn, welche überwiegend in England vorerst durch Pferde angetrieben wurde, führte in der Bevölkerung anfangs ebenso zu Widerstand, wie der Dampfwagen, als die Weiterentwicklung zur Lokomotive einsetzte. Zum einen verweigerten zahlreiche Staatsbeamte die Investition in die Eisenbahn, da gerade erst die Verbesserung zahlreicher Straßen in England Unsummen an Geld verbraucht hat und der Eisenbahn somit Unwirtschaftlichkeit vorgeworfen wurde. Zum anderen schienen breite Bevölkerungsschichten unzureichendes Verständnis für die gewaltigen Maschinen zu haben. Selbst Ärzte schrieben der Lokomotive gesundheitliche Einwirkung, wie in etwa schwere Gehirnerkrankungen zu und empfahlen hohe Bretterzäune um die Gleise zu errichten. Erst durch das Engagement des berühmten Eisenbahnpioniers Georg Stephenson gelang es, die Bevölkerung für den dampfgetriebenen Personentransport zu begeistern, da die Menschen sich beim „Rennen von Rainhill" von der Leistungsfähigkeit der Erfindung überzeugten. Obgleich es in der Folgezeit zu mehreren kleinen Unfällen kam, ließ der Erfolg der Eisenbahn mit der Zeit sämtliche Kritiker verstummen.[116]

Die Eisenbahn trat einen unaufhaltsamen Siegeszug an, indem sie die Staaten enger zusammenrücken ließ und innerhalb derselbigen das Nationalbewusstsein stärkte. Das Reisen mit geringem Zeitaufwand wurde für den einfachen Bürger ermöglicht und bot deutlich mehr Komfort als die Verwendung der traditionellen Kutsche. Heinrich Heine schrieb seinerzeit: „Sogar die Elementarbegriffe von Zeit und Raum sind schwankend geworden. Durch die Eisenbahn wird der Raum getötet und es bleibt uns nur noch die Zeit übrig."[117] Er fasste damit treffend zusammen, was für unvorstellbare Ausmaße dieses neue Transportmittel für die Bevölkerung annahm.

---

[115] Vgl. a.a.O., S.92
[116] Vgl. Matthaei, George Stephenson, 2011 *ebenso* vgl. Matschoss, 1908, S.94-106
[117] Matschoss, 1908, S.100

6. FAZIT

Über Jahre hinweg haben Ingenieure, überwiegend in England, versucht die Dampfmaschine stetig weiterzuentwickeln. Die Geschichte ist geprägt von einer Vielzahl an Fehlversuchen und Unglücken, die bei Versuchen mit Dampfkesseln geschehen sind. Zudem stand die Dampfmaschine von Beginn an in der Kritik, nicht effizient genug zu arbeiten. Der berühmte Schotte James Watt war es, dem es schließlich gelang, die Technik so weit voranzubringen, dass sie einigermaßen wirtschaftlich in Betrieben rund um die Welt verwendet werden konnte. Er war zwar nicht der Erfinder, aber ihm gebührt der Ruhm, durch zahlreiche Studien und Innovationen die Dampfmaschine so weit gebracht zu haben, dass sie in allerlei Fabriken eingesetzt werden konnte.

Im Großem und Ganzen hat die Dampfmaschine in vielen Gewerben die Wirtschaft revolutioniert. Durch sie als Energielieferant ist es möglich geworden, Großindustrie aufzubauen und die Arbeitsvorgänge bis hin zur heute modernen Massenproduktion zu verbessern. Die Menschen jener Zeit hatten es nicht immer einfach, bei dem rasanten Voranschreiten der Technik mitzukommen und sich an die neuen Umstände zu gewöhnen. Die Erscheinung des Pauperismus in Zeiten der Frühindustrialisierung ist deutliches Anzeichen dafür. Die Bevölkerung revoltierte oftmals gegen den Bau neuer Maschinen und gab ihnen die Schuld für die anhaltende Armut. Insgesamt hat die Dampfmaschine jedoch, obgleich sie es ermöglichte, viel Handarbeit durch Maschinen zu ersetzen, auch der Bevölkerung positive Auswirkungen beschert. Der Lebensstandard der Bevölkerung stieg ab dem 18. Jahrhundert kontinuierlich und die Welt ist durch die Globalisierung des Güter- und Personenverkehrs ein großes Stück kleiner geworden. Die damals verloren gegangenen Berufe wurden durch neue ersetzt, die ein deutlich geringeres Maß an menschlicher Kraftarbeit erforderten. Sogar die Furcht der Bevölkerung vor der Größe und Erscheinung der Dampfmaschine legte sich nach einiger Zeit und bereitete die Menschen auf weitere Meilensteine des Maschinenzeitalters vor.

Auch wenn die Dampfmaschine heutzutage kaum noch in der Praxis eingesetzt wird, ist es wichtig zu wissen, dass sie die Voraussetzung dafür ist, dass es heutzutage Weiterentwicklungen, wie die Verbrennungsmotoren gibt und das unser Lebensstandard durch eben diese bedeutsame Erfindung der Menschheitsgeschichte so hoch ist, wie wir ihn gegenwärtig genießen dürfen. Den Ingenieuren der Neuzeit wurde oftmals mit Spott und Hohn begegnet, als sie ihre Vorstellung offenlegten und doch ist es rückblickend betrachtet ihr Verdienst, dass wir nicht heute noch in Kutschen tagelange Wegstrecken zurücklegen müssen.

GLOSSAR

QUELLEN

LITERATURVERZEICHNIS

ARD. (2005). Meilensteine der Technik: Energie und Verkehr. *#87 James Watt und die Dampfmaschine* .

Bellis, M. (9. April 2012). *Spinning Frame - Water Frame* . Abgerufen am 28. Mai 2013 von Spinning Frame - Water Frame : http://inventors.about.com/library/inventors/blspinningframe.htm

Bellis, M. (kein Datum). *The History of Steam Engines - Inventors: Thomas Savery, Thomas Newcomen, James Watt*. Abgerufen am 10. Mai 2013 von http://inventors.about.com/library/inventors/blsteamengine.htm

bpb. (kein Datum). *Industrielle Revolution*. Abgerufen am 27. Mai 2013 von Industrielle Revolution: http://www.bpb.de/nachschlagen/lexika/politiklexikon/17631/industrielle-revolution

Brinkmann, K. (2001). *umwelt-campus.de*. (F. Hagen, Hrsg.) Abgerufen am 9. Mai 2013 von http://www.umwelt-campus.de/~k.brinkmann/Publications/Dampfmaschine-pdf.pdf

Deutsches Landwirtschaftsmuseum. (12. März 2012). *Dampfpflüge*. Abgerufen am 28. Mai 2013 von Dampfpflüge: http://www.dlm-hohenheim.de/dampfpfluege/

Deutsches Museum München. (kein Datum). *Dampfturbinen*. Abgerufen am 11. Mai 2013 von http://www.deutsches-museum.de/ausstellungen/energie/kraftmaschinen/dampfturbinen/

Deutsches Museum München. (kein Datum). *Die ausgereifte Dampfmaschine* . Abgerufen am 11. Mai 2013 von http://www.deutsches-museum.de/sammlungen/maschinen/kraftmaschinen/dampfkraftmaschinen/dampfmaschinen-nach-1850/

Deutsches Museum München. (kein Datum). *Die Feuermaschine von Thomas Newcomen, aus: Meisterwerke aus dem Deutschen Museum Band III*. Abgerufen am 10. Mai 2013 von http://www.deutsches-museum.de/sammlungen/ausgewaehlte-objekte/meisterwerke-iii/dampfmaschine/

Deutsches Museum München. (kein Datum). *Die Watt'sche Niederdruckdampfmaschine* . Abgerufen am 11. Mai 2013 von http://www.deutsches-museum.de/sammlungen/maschinen/kraftmaschinen/dampfkraftmaschinen/wattsche-dampfmaschine/

Deutsches Museum München. (kein Datum). *Industrie-Dampfmaschine von James Watt*. Abgerufen am 11. Mai 2013 von http://www.deutsches-museum.de/sammlungen/maschinen/kraftmaschinen/dampfkraftmaschinen/wattsche-dampfmaschine/watts-industrie-dampfmaschine-1766/

Deutsches Museum München. (kein Datum). *Von der schwerfälligen Dampfmaschine zur Dampfturbine - Auszug aus: "Meisterwerke aus dem Deutschen Museum Band IV"* . Abgerufen am 10. Mai 2013 von http://www.deutsches-museum.de/sammlungen/ausgewaehlte-objekte/meisterwerke-iv/turbine/

Deutsches Verlagshaus Bong & Co., Berlin, Leipzig, Wien, Stuttgart . (1904). *Die Verwendung der Dampfmaschinen*. Abgerufen am 12. Januar 2013 von Dampfmaschinenmuseum Frankenberg: http://www.dampfmaschinenmuseum-frankenberg.de/verwend.htm

Drexler, R. (kein Datum). *Ocio Creativo Lok Adler*. Abgerufen am 14. Januar 2013 von RD - Hobby Modellbahnen: http://www.rd-hobby.de/shopping/catalog.php?id=1362&item=40698

GreenGear. (kein Datum). *Notwendigkeit des Fortschritts – Verbrennungsmotor*. Abgerufen am 11. Mai 2013 von http://www.greengear.de/notwendigkeit-verbrennungsmotor/

Gymnasium Lechenich. (1998). *Die Industrielle Revolution*. Abgerufen am 12. Januar 2013 von Gymnasium Lechenich: http://www.erft.de/schulen/gymlech/indrevo/indu33/3.htm

Halpern, S. (9. Juli 2007). *Titanic's Prime Mover - An Examination of Propulsion and Power - See more at: http://www.encyclopedia-titanica.org/titanic_prime_mover.html#sthash.KXQcORDw.dpuf*. Abgerufen am 27. Mai 2013 von Titanic's Prime Mover - An Examination of Propulsion and Power - See more at: http://www.encyclopedia-titanica.org/titanic_prime_mover.html#sthash.KXQcORDw.dpuf: http://www.encyclopedia-titanica.org/titanic_prime_mover.html

Hanser Verlag (Hrsg.). (kein Datum). *Übungsaufgaben aus der Wärmelehre*. Abgerufen am 11. Mai 2013 von http://books.google.de/books?id=vKFdin0ww98C&lpg=PA168&ots=sh-DJMKTx0&dq=Wirkungsgrad%20verbunddampfmaschine&hl=de&pg=PA310#v=onepage&q=Wirkungsgrad%20verbunddampfmaschine&f=false

Hartmann, D. K. (1852). *Handbuch der Bergbaukunst*. Abgerufen am 12. Januar 2013 von Google E-Books: http://books.google.de/books?id=GVUKAQAAIAAJ&printsec=frontcover&hl=de&source=gbs_ge_summary_r&cad=0#v=onepage&q&f=false

Horst Müller Verlag (Hrsg.). (kein Datum). *Die Dampfmaschine von Thomas Newcomen.* Abgerufen am 10. Mai 2013 von http://www.stationspage.de/erfinder/thomas-newcomen.htm

Horst Müller Verlag (Hrsg.). (kein Datum). *Die Entwicklung der Dampfmaschine - Die Dampfmaschine im 19. Jahrhundert.* Abgerufen am 11. Mai 2013 von http://www.stationspage.de/lokomobile/dampfmaschine.htm

Kampert, K.-H. (kein Datum). *uni-wuppertal.de.* Abgerufen am 10. Mai 2013 von http://astro.uni-wuppertal.de/~kampert/BI/kap35/Kap35.pdf

Knittel, D. H. (2012). *Dampfmaschine und industrielle Revolution.* Abgerufen am 10. Januar 2013 von Universal-Lexikon: http://universal_lexikon.deacademic.com/224599/Dampfmaschine_und_industrielle_Revolution

Kramer, K. (kein Datum). *Die Entwicklung der Dampfmaschine und.* Abgerufen am 10. Mai 2013 von http://www.klauskramer.de/Schiff/Dampf/DampfHi1/DaHi1top.html

Kulischer, J. (1988). *Allgemeine Wirtschaftsgeschichte des Mittelalters und der Neuzeit, Band 1.* München: Oldenbourg Wissenschaftsverlag.

LEIFIphysik. (kein Datum). *LEIFIphysik - Papins atmosphärische Dampfmaschine.* Abgerufen am 10. Mai 2013 von http://www.leifiphysik.de/themenbereiche/waermekraftmaschinen/lb/dampfmaschine-papins-atmosphaerische-dampfmaschine

Marsden, B. (2004). *Watt's Perfect Engine: Steam and the Age of Invention.* Columbia University Press.

Matschoss, C. (1908). *Die Entwicklung der Dampfmaschine, Bd.1.* Berlin: Springer.

Matthaei, R.-F. (19. Mai 2012). *„Rocket" und Rainhill.* Abgerufen am 13. Januar 2013 von http://fredriks.de/mb/science.htm

Matthaei, R.-F. (22. August 2011). *George Stephenson.* Abgerufen am 14. Januar 2013 von http://fredriks.de/mb/GS01.htm

Muirhead, J. P. (kein Datum). *The Life of James Watt. with Selections from his Correspondence.* Abgerufen am 10. Mai 2013 von http://books.google.de/books?id=_b8GAAAAYAAJ&dq=James%20Patrick%20Muirhead%20

%22The%20origin%20and%20progress%20of%20the%20mechanical%20inventions%22&pg=P R3#v=onepage&q=parallel&f=false

NMM: die industrielle Revolution. (kein Datum). Abgerufen am 13. Januar 2013 von Schule Laupen: http://www.schulelaupen.ch/industrielle%20Revolution/text.htm

Paschotta, D. R. (kein Datum). *Verbrennungsmotor*. Abgerufen am 27. Mai 2013 von Verbrennungsmotor: http://www.energie-lexikon.info/verbrennungsmotor.html

Reuleaux, F. (kein Datum). *Lehrbuch der Kinematik. Die praktischen Beziehungen der Kinematik zu Geometrie und Mechanik*. Abgerufen am 10. Mai 2013 von Lehrbuch der Kinematik. Die praktischen Beziehungen der Kinematik zu Geometrie und Mechanik

Salzmann, W. (14. Juli 2010). *Dampfmaschine & Co. - Wirkungsgrad*. Abgerufen am 27. Mai 2013 von Dampfmaschine & Co. - Wirkungsgrad: http://www.waermekraft.wissenstexte.de/wirkungsgrad2.htm

Saralegui y Medina, M. d. (1913). *Lo siento mucho : consideraciónes y documentos relativos al famoso ingenio del hidalgo Blasco de Garay*. Madrid, Spanien: M.G. Hernández.

Schubert. (2011). *Das Politiklexikon*. Bonn: Dietz.

Spektrum Akademischer Verlag. (kein Datum). *wissenschaft-online.de*. Abgerufen am 10. Mai 2013 von http://www.wissenschaft-online.de/abo/lexikon/physik/214

Spilling Energie Systeme GmbH. (kein Datum). *Spilling Dampfmotoren*. Abgerufen am 11. Mai 2013 von http://www.spilling.de/produkte.php

Stefanie Klug et al. (kein Datum). *Industrialisierung und Soziale Frage*. Abgerufen am 27. Mai 2013 von Industrialisierung und Soziale Frage: http://home.arcor.de/bernd_jonas/Geschichte/Projekt_Industrielle_Revolution/Industrialisieru ng.htm

T&S Modelldampfmaschinen. (kein Datum). *ts-modelldampfmaschinen.de*. Abgerufen am 10. Mai 2013 von http://www.ts-modelldampfmaschinen.de/index.php?category_id=6&page=shop.product_details&product_id= 352&Itemid=82&option=com_virtuemart&vmcchk=1&Itemid=82

Thurston, R. H. (1878). *A History of the Growth of the Steam Engine*. Abgerufen am 10. Mai 2013 von http://inventors.about.com/library/inventors/blsavery1.htm

uniprotokolle.de. (kein Datum). *Rückstoßantrieb.* Abgerufen am 10. Mai 2013 von http://www.uni-protokolle.de/Lexikon/R%FCcksto%DFantrieb.html

Vilem. (2001). *Alte Technik: Richard Trevithick und die erste Lokomotive.* Abgerufen am 13. Januar 2013 von FERROMEL: http://www.ferromel.de/tech_420.htm

Wagenmann, P. (1857). *Wagenmann, über transportable Dampfmaschinen zur Wasserhaltung auf Gruben.* (DFG, Hrsg.) Abgerufen am 9. Januar 2003 von Digitalisierung des polytechnischen Journals: http://dingler.culture.hu-berlin.de/article/pj145/ar145055

Wikimedia Foundation Inc. (8. Mai 2013). *Wikipedia Stichwort: Dampfmaschine.* Abgerufen am 9. Mai 2013 von https://de.wikipedia.org/wiki/Dampfmaschine

Wikimedia Foundation Inc. (7. Mai 2013). *Wikipedia Stichwort:Aeolipile.* Abgerufen am 10. Mai 2013 von http://de.wikipedia.org/wiki/Aeolipile

Wikimedia Foundation Inc. (kein Datum). *Wikipedia, Stichwort:Blasco de Garay.* Abgerufen am 10. Mai 2013 von http://de.wikipedia.org/wiki/Blasco_de_Garay

Wiley Information Services GmbH. (kein Datum). *ChemgaPedia: Dampfmaschine.* Abgerufen am 11. Mai 2013 von http://www.chemgapedia.de/vsengine/vlu/vsc/de/ch/13/vlu/thermodyn/anwendung/thermo dynmasch.vlu/Page/vsc/de/ch/13/pc/thermodyn/anwendung/dampfmaschine.vscml.html

ABBILDUNGSVERZEICHNIS